Im Anhang gibt es ausführliche Erklärungen, wie die Spielgedichte in Heilpädagogik und Bewegungstherapie verwendet werden können.

Therapeutische Beratung: Helga Keil
Künstlergarderobe und spielende Hände:
Winfried Opgenoorth

Minitheater

Fingerspiele – Spielgedichte

für Kindergarten,
Schule und
zu Hause

Gedichte von Friedl Hofbauer
Bilder von Birgit Antoni

öbv&hpt

Inhalt

Alle Elefanten

(nach der Melodie: Alle meine Entlein)

Alle Elefanten
gehen jetzt im Kreis
gehen jetzt im Kreis
sie heben ihre Füße
und trampeln nur ganz leis leis leis
sie heben ihre Füße
und trampeln nur ganz leis.

Alle Elefanten
bleiben plötzlich stehn
bleiben plötzlich stehn
sie wollen am Bananenbaum
die Bananen sehn sehn sehn
sie wollen am Bananenbaum
die Bananen sehn.

Alle Elefanten
heben ihren Kopf
heben ihren Kopf
vorne hängt ein Rüssel
der Rüssel ist kein Zopf Zopf Zopf
vorne hängt ein Rüssel
der Rüssel ist kein Zopf.

Alle Elefanten
wackeln mit dem Schwanz
wackeln mit dem Schwanz
Das ist der wunderschöne
Elefantentanz tanz tanz
das ist der wunderschöne
Elefantentanz.

Alle Elefanten
die strecken sich jetzt hoch
die strecken sich jetzt hoch
wie Zirkuselefanten
ein jeder kann das doch doch doch
wie Zirkuselefanten
ein jeder kann das doch.

Alle Elefanten
trompeten jetzt im Nu
trompeten jetzt im Nu
wie Urwaldelefanten
tuhu tuhu tuhu hu hu
wie Urwaldelefanten
tuhu tuhu tuhu.

Alle Elefanten
liegen auf dem Bauch
liegen auf dem Bauch
sie liegen und sie schnarchen
denn müde sind sie auch auch auch
sie liegen und sie schnarchen
denn müde sind sie auch.

Alle Elefanten
stehen wieder auf
stehen wieder auf
und trampeln fröhlich weiter
im Elefantenlauf lauf lauf
und trampeln fröhlich weiter
im Elefantenlauf.

Ich hab einen Elefanten

Ich hab einen Elefanten
an jeder Hand.
Einen langen Rüssel
hat jeder Elefant.

Sie kommen aufeinander zu
und fragen, sag wer bist denn du?
Wer bist denn du, wer bist denn du?

Ich bin der Pepi
und ich bin der Seppi.

Die beiden Elefanten
die freun sich sehr
sie geben sich den Rüssel
Rüssel Rüssel Rüssel
dann tanzen sie ein bissel
hin und her.

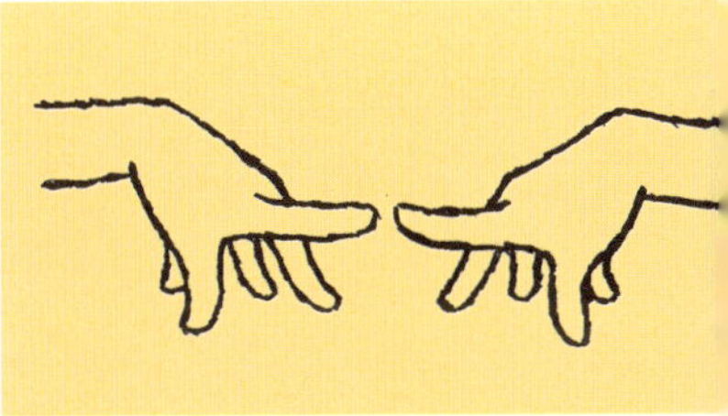

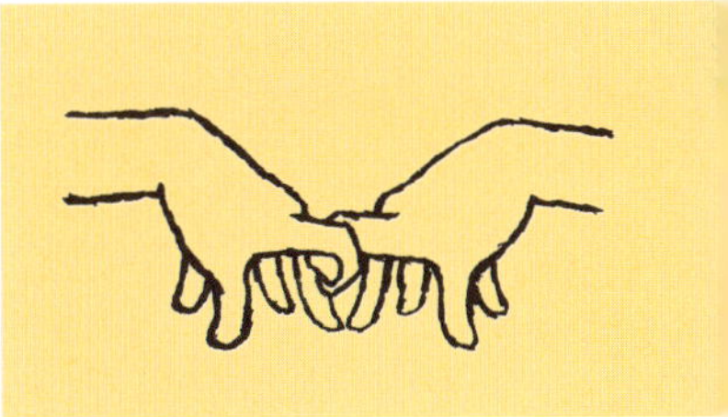

Für zwei Hände. Jeweils vier Finger auf dem Tisch, jeder Zeigefinger als Rüssel vorgestreckt. Beim Rüsselgeben haken sich die beiden Finger ineinander zum Tanz. Dann Tanzbewegungen der Finger-Füße. Bei „Pepi" und „Seppi" winkt jeder Elefant mit dem Rüssel.

Siehe Seite 86

Der kleine Hops beim Zebrastreifen

Die Ampel ist rot:
Das heißt Gehverbot.

Die Ampel, die gelbe
sagt noch dasselbe.

Aber ist grünes Licht zu sehn
darfst du über die Straße gehn.

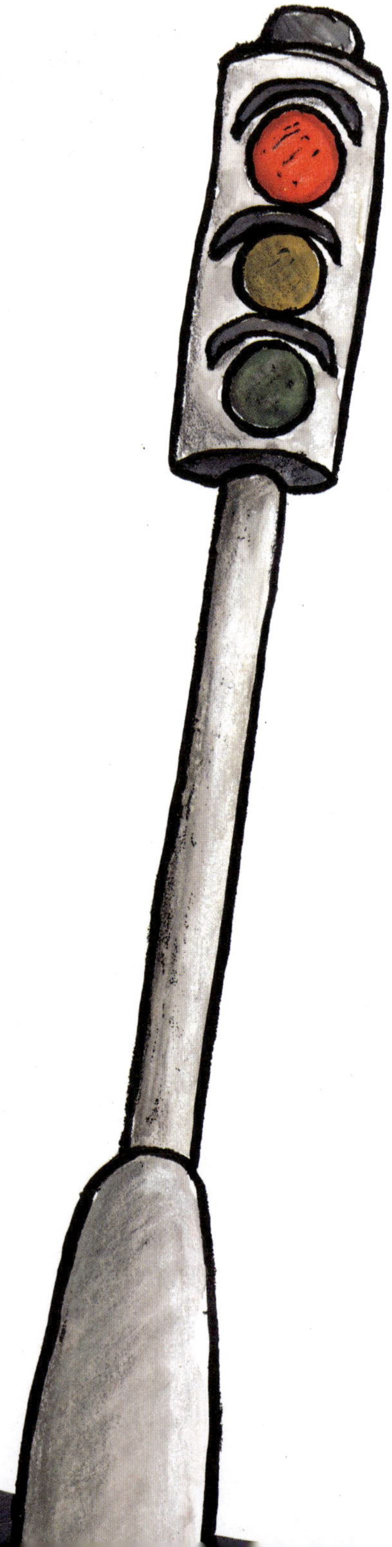

Die Fingernägel des Zeige-, Mittel- und Ringfingers werden in den drei Ampelfarben bemalt. Der kleine Hops an der anderen Hand richtet sich dann nach den Verkehrslichtern. Wie man den kleinen Hops bastelt, sieht man auf Seite 82.

Siehe Seite 86

Erfahrungsgemäß kann man dieses Spiel, wie auch die meisten anderen Fingerspiele, mit bloßen Fingern, mit Fingerpuppen oder mit Kindergruppen spielen.

Siehe Seite 86

Indianerspiel

Das sind die Indianer
und das sind die Weißen.

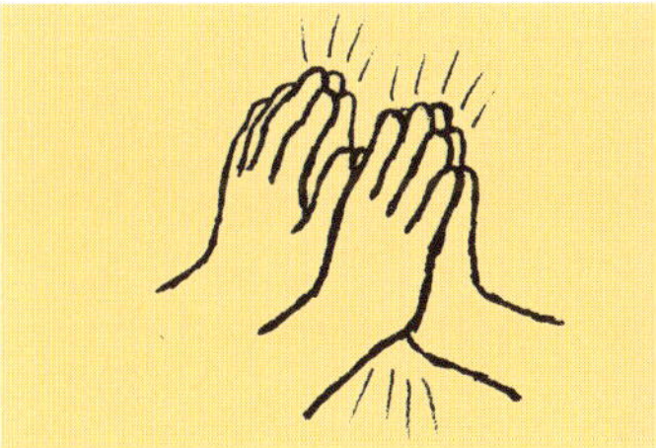

Wollen wir uns schlagen
oder wollen wir uns vertragen?

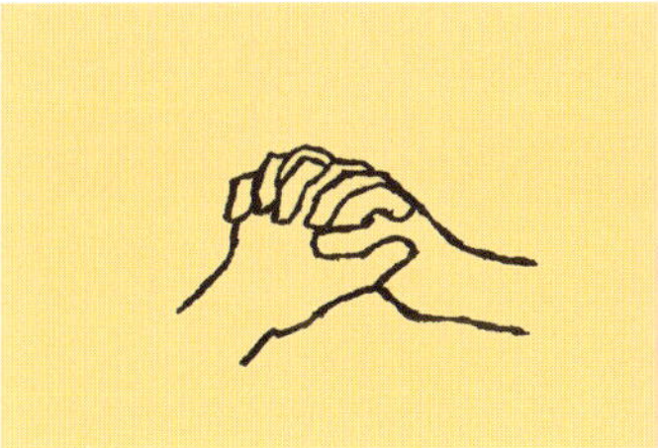

Igelspiegel

Da ist ein Spiegel. (flache Hand, aufrecht)

Da kommt ein Igel.
Der schaut in den Spiegel
und sagt:
(gespreizte andere Hand, kommt aufrecht und wackelt mit den Stacheln)

Jö! In dem Spiegel
ist ja auch ein Igel!
(in diesem Augenblick wird die flache Spiegelhand gespreizt zum Igel und wackelt als Spiegelbild mit)

Siehe Seite 86

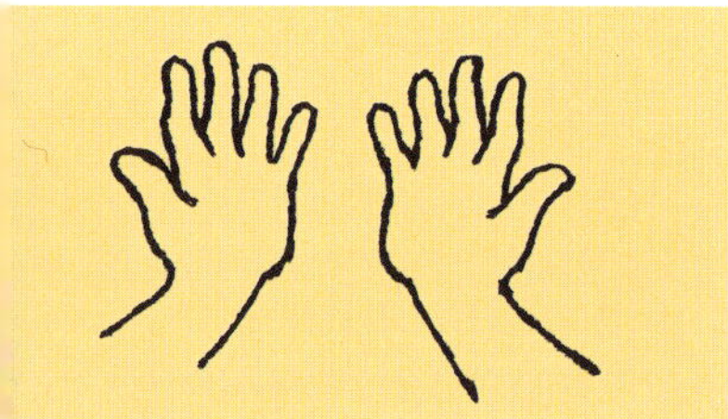

Ein Wichtelgeschichtel

Ein Baum ein Baum ein Baum ein Baum ein Baum
ein Wald!
Ein Wichtel ein Wichtel ein Wichtel ein Wichtel ein Wichtel!
Der Wald und die fünf Wichtel
erzählen sich jetzt ein Geschichtel:
bs bs bs bs bs bs bs ...

Für zwei Hände. Erste Hand zur Faust geschlossen. Ein Finger nach dem andern wird hochgestreckt, dazu sagt man jedesmal „ein Baum". Wenn die Faust offen ist, wird die Hand hergezeigt: „ein Wald".
Die Finger der zweiten Faust stellen die Wichtel dar. Beim Geschichtelerzählen sind beide Handflächen nahe aneinander, und die Finger bewegen sich tuschelnd. Wie man Wichtelfiguren bastelt, kann man unter „Künstlergarderobe" auf Seite 84 nachschlagen.

Siehe Seite 86

Krokus

Krokus Krokus
kommt wie ein Hokuspokus
gestern war er noch nicht da,
heut steht er auf den Wiesen
und lässt vom Frühling grüßen.

Ein Sich-Dehn- und Streck-Spiel.
Für Kinder oder für Finger.
Siehe Seite 86

Schnee Schnee Schnee

Schnee Schnee Schnee
ist geschmolzen
Klee Klee Klee
sagt der Acker

blau blau blau
sagt der Himmel
schau schau schau!
sagt das Kind

Die Kuh Luise

Die Kuh Luise
steht auf der Wiese
und frisst ein Blatt,
dann ist sie satt.

Jetzt wiederkäut sie –
und das freut sie.

Wie man die Kuh Luise bastelt,
steht im Anhang auf Seite 84
Siehe Seite 86

Heut fang ich eine Wolke

Heut fang ich eine Wolke!
Schwupps! Schaut alle her!
Eine Wolke fangen
ist nämlich gar nicht schwer.

So groß ist meine Wolke
so breit ist meine Wolke
so dick ist meine Wolke!

Aber auch die dickste Wolke
bleibt nicht immer dick.
Jede Wolke ändert sich
jeden Augenblick.

Meine Wolke kriegt einen Bauch,
meine Wolke kriegt ein Bein,
sie platscht damit ins Himmelblau
und wird ein dickes Schwein.

So groß ist mein Wolkenschwein
so breit ist mein Wolkenschwein
so dick ist mein Wolkenschwein!

Nein nein, das ist kein Wolkenschwein,
das ist ein Wolkenbär!
Nein nein, das ist ein Segelschiff,
das segelt hin und her.

So groß ist mein Segelschiff ... (usw.)

Das Schiff kriegt eine Nase
das Schiff kriegt einen Mund,
jetzt ist es schon ein Wolkenzwerg
mit einem Wolkenhund.

So groß ist mein Wolkenhund ... (usw.)

Der Hund wird eine Wolkenfrau,
die fliegt im Wolkenwind.
Und jetzt kriegt unsre Wolkenfrau
ein dickes Wolkenkind.

So groß ist mein Wolkenkind ... (usw.)

Das Wolkenkind muss jetzt nach Haus –
die Wolkenfängerei ist aus!

Ein Streck- und Bewegungsspiel. Der Text ist als Anregung gedacht und lässt sich ändern und erweitern.
Siehe Seite 87

Watscheltanz der Gänse

Watschel watschel Watschelei
alle Gänse sind dabei
watschel hin, watschel her
rundherum ist auch nicht schwer
schnatter schnatter schnatter
flatter flatter flatter
alle Gänse sind dabei
bei der Gänseflatterei –
oh, da liegt ein Gänseei –
ei ei ei

„Watscheltanz der Gänse" ist sowohl ein Spiel mit Fingern und Händen als auch ein Tanz- und Turnspiel. Beim Fingerspiel wird mit den flachen Händen auf dem Tisch gewatschelt, mit den vier Fingern gegen den Daumen als Schnabel geschnattert und mit Händen und Armen geflattert. Bei „oh, da liegt ein Gänseei" werden die Hände erfreut gehoben, bei „ei ei ei" wird vorsichtig ein unsichtbares Ei mit den Händen umschlossen und aufgehoben.

Siehe Seite 87

Osterhasennest

Was ist denn das?
Was ist denn das?
Blumen und Gras!
Blumen und Gras!
Was ist denn das?
Was ist denn das?
Fünf Hasen sitzen
im Osternest
und wünschen
ein frohes Osterfest.

Für zwei Hände mit Fingerpuppen. Eine Hand trägt auf jedem Finger eine Blüte, die andere Hand an jedem Finger einen Osterhasenkopf. Die Blumenhand ist nach oben gestreckt. Die Finger bewegen sich wie Blumen und Gras im Wind. Die Hasen der andern Hand halten vorgebeugt ein Osterei und sind anfangs nicht sichtbar. Beide Hände werden mit den Gelenken aneinandergehalten, man sieht erst nur die Blumen. Dabei wird das Osterei von beiden Händen gehalten. Die Hände bleiben an den Handgelenken beisammen, Handflächen und Finger werden nun leicht auseinandergebogen. So entsteht ein Osternest, begrenzt von Hasen und Blumen und mit dem Ei in der Mitte. Zur Gestaltung der Hasen und Blumen siehe unter „Künstlergarderobe“ auf Seite 85.

Siehe Seite 87

Spiel für beide Hände. Mittelfinger, Ringfinger und kleiner Finger beider Hände zum Hahnenkamm gespreizt, Zeigefinger und Daumen bilden den Hahnenkopf. Der Kamm bleibt immer oben. Erst bilden Zeigefinger und Daumen die runden Augen, die Hähne beäugen einander. Dann öffnen sie den „Schnabel“ (ebenfalls Daumen und Zeigefinger) und krähen abwechselnd.

Siehe Seite 87

Zwei Hähne

Da ist ein Hahn
und noch ein Hahn
die schaun sich
mit großen Augen an
dann probieren sie,
wer besser krähen kann.

Kikeriki kikerikiiii
kikerikiiii kikerikiiii.

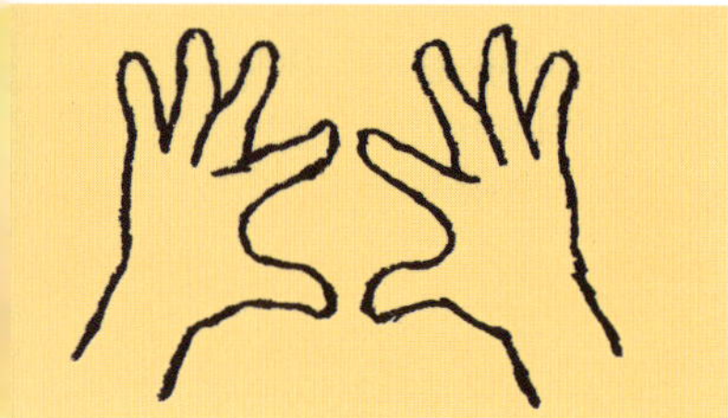

Das Osterlamm

Ein weißes Lamm, das kommt von weit
das Lamm geht durch die Osterzeit
die Osterglocken läuten
was soll denn das bedeuten?

bimm bamm bimm bamm
lass dich streicheln kleines Lamm

(wiederholen und immer leiser werden)

bimm bamm bimm bamm
lass dich streicheln kleines Lamm ...

Spiel für zwei Hände. Eine Hand ist das Lämmchen, eine Hand ist die Glocke, die zuerst läutet und dann streichelt.
Siehe Seite 87

Auf einem Regenbogen

(nach der Melodie: Ein Männlein steht im Walde)

Auf einem Regenbogen
da sitzt ein Wicht
und wer nicht ganz genau schaut
der sieht ihn nicht.

Sag, wer mag der Wichtel sein
der da sitzt ganz wichtelklein
auf einem Regenbogen
so ganz allein.

Er hat aus sieben Farben
ein buntes Kleid
das ist ihm nicht zu eng
und auch nicht zu weit.

Sag, wer mag der Wichtel sein
der da sitzt ganz wichtelklein
auf einem Regenbogen
so ganz allein.

Ich weiß nicht, ist der Wichtel
ganz dünn oder ist er rund?
Vom Kopf bis zu den Füßen
ist er ganz bunt.

Tauch schnell deinen Pinsel ein
mal den Wichtel wichtelklein
dann sitzt er auf dem Zeichenblatt
und ist nicht mehr allein.

Kleines Frühlings-Hüpf- und -Singspiel

Die Vögel flattern und singen
die Frösche quaken und springen
schon klappert der Storch
schon klappert der Storch!
horch!

Spiel für Kinder, auch für Finger.
Storchgeklapper durch Armezusammenschlagen.
Bei „horch!" beide Hände an die Ohren.
Siehe Seite 87

Heute gibt es Regenwetter

Heute gibt es Regenwetter
Gänseblümchen schließt die Blätter.
Scheint die Sonne wieder drauf
blüht das Blümchen wieder auf.

Eine Hand ist die Blüte, die sich bei Regen schließt und bei Sonne öffnet. Die andere Hand ist erst Regen und dann Sonne. Man kann die Rollen auch an zwei bis drei Kinder verteilen.
Siehe Seite 87

Es sitzen da zwei Hasen

Es sitzen da zwei Hasen
im grünen Gras,
der eine sagt zum andern:
Weißt du was –
wir wackeln mit den Ohren
nur so zum Spaß!

Fingerspiel für zwei Hände. Zeigefinger und Mittelfinger als Hasenohren hochgestellt, die anderen drei Finger zur Faust geschlossen. Variationsmöglichkeit: zwei Kinder, je eine Hand. Oder zwei Kinder – vier Hände, drei Kinder – sechs Hände ... Dann heißt es jeweils: Es sitzen da vier Hasen ... oder sechs.

Siehe Seite 88

Muttertagsbussi

Wir wünschen dir heut
nur lauter Freud
und außerdem, liebe Mutter, kriegst du
von jedem noch ein Bussi dazu:
Bussi, Bussi, Bussi, Bussi

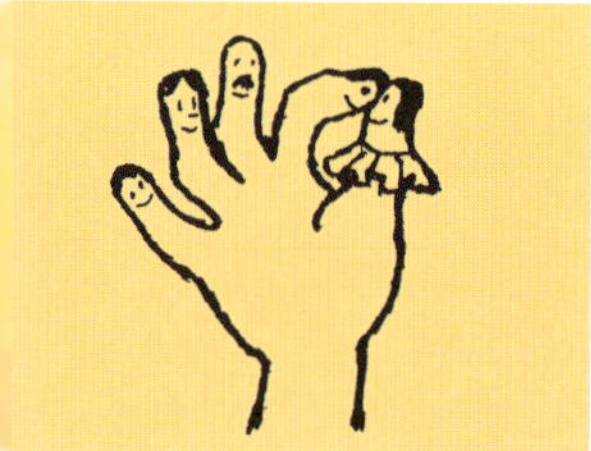

Siehe Seite 88

Küsschen, Schmatz, Bussi, Kuss ... sagt man auf Deutsch, es kommt von althochdeutsch **kussen**, gotisch **kukjan**, griechisch **kynein**.
Wie sagt man zum „Bussi" in anderen Ländern und Sprachen?

SCHMÖTZLI
(Schweiz)

UN BEC
(Kanada)

MUDDHU
(Telugu, Süd-Indien)

CHUMBAN
(Gujerati, Süd-Indien)

PUSZI/CSÓK
(Ungarn)

KISS
(England)

KUBUSU
(Kiswahili)

BACIO/BACINO
(Italien)

HAMBUIR
(Armenien, Hochsprache)

EN LITEN SUSS
(Norwegen)

BESITO
(Spanien)

BUS(SEH)
(Persien)

ÖPÜCÜK
(Türkei)

NESHIKS
(Israel)

POCALUI
(Russland)

UN BISOU (MIMI)
(Frankreich)

MATSCHIK
(Armenien, Umgangssprache)

POLJUBAC
(Serbokroatisch)

HUBIČKU
(Tschechien)

PETONET
(Katalien)

Grashüpfers Überstundenlied

Hopp Hopper hopp
dein Vater hat ein' Dschob
dein Vater ist noch im Büro
da ist der Hopper gar nicht froh
hopp Hopper hopp

Nie Hopper nie
kommt Vater abends früh
der Hopper ist schon längst im Bett
als ob er keinen Vater hätt
nie Hopper nie

Nie Hopper nie
sitzt du auf seinem Knie
wenn Vater heimkommt ist er müd
und zirpt das Überstundenlied
nie Hopper nie

Einst Hopper einst
kommt Vater wenn du weinst
nimmt dich aufs Knie und ist nicht müd
und zirpt für dich sein schönstes Lied
einst Hopper einst

Siehe Seite 88

Kunstreiter

Mein Pferd, das geht mit mir im Schritt,
ich reit auf seinem Rücken mit
ein Schritt ein Tritt ein Schritt ein Tritt
ein Schritt ein Tritt ein Schritt ein Tritt ...

Dann geht es schneller fort im Trab
wie schön, dass ich ein Pferdchen hab
trabtrab trabtrab trabtrab trabtrab
trabtrab trabtrab trabtrab trabtrab ...

Aber jetzt – aber jetzt – geht's im – Galopp
hopphopp – hopphopp – hopphopp – hopphopp
hopphopp – hopphopp – hopphopp – hopphopp

Dieses Spiel ist ein Kniereiterspiel. Man kann es auch mit zwei Händen spielen. Eine Hand ist das Pferd, das im Schritt geht, dann trabt und schließlich galoppiert. Die zweite Hand sitzt mit gespreizten „Beinen" (Zeige- und Mittelfinger) auf dem Handrücken. Diese „Beine" können auch Zirkus-Reitkunststücke aufführen, springen, knien, Beine wechseln, sich auf dem Handrücken benehmen wie ein richtiger Zirkusreiter auf einem Pferd.

Siehe Seite 88

Montag fängt die Woche an

Montag fängt die Woche an
Dienstag geht sie weiter
dann kommt der lange Mittwoch dran
Donnerstag und Freitag
am Samstag ist die Woche aus.
Am Sonntag bleiben wir nicht zu Haus
Vater Mutter Kind

Zwei Hände, die zuerst als Fäuste nebeneinander erscheinen. Die Finger strecken sich einzeln nacheinander aus der Faust, und jeder sagt sozusagen seinen Namen. Vater, Mutter, Kind – sind die letzten drei Finger. Man kann die drei mit Köpfen versehen. In diesem Fall zeigt die Rückseite der Fäuste zum Zuschauer, damit die Köpfe als Überraschung sichtbar werden. Reihenfolge beachten, jede Hand fängt mit dem Daumen an, so dass Vater: Mittelfinger, Mutter: Ringfinger und Kind: kleiner Finger die letzten sind, die sich strecken.

Siehe Seite 88

Einer will aufstehn

Einer will aufstehn (linker Daumen kommt heraus)
der andre will schlafen. (rechter Daumen bleibt in der Faust)
He du, aufstehn!
sagt der eine
und klopft den andern.
Lass mich doch schlafen! (rechter Daumen schaut kurz heraus)
sagt der andere
und geht wieder schlafen.

Das Ganze zweimal. Beim zweiten Mal beginnt der rechte Daumen.
Siehe Seite 88

Der Dicke ist auf dem Fußballplatz

Der Dicke ist auf dem Fußballplatz,
der Dünne auf der Piste.
Der Lange sucht sich einen Schatz,
der Kurze kriecht in die Kiste.
Der Kleinste, der ist ganz allein,
da fängt er an zu schrein:
Bääääääääääh!

Eine Hand schließt sich Finger nach Finger zur Faust, nur der Kleinste bleibt stehen. Dies ist ohne Verkleidung, bloß als Hand, zu spielen.

Siehe Seite 88

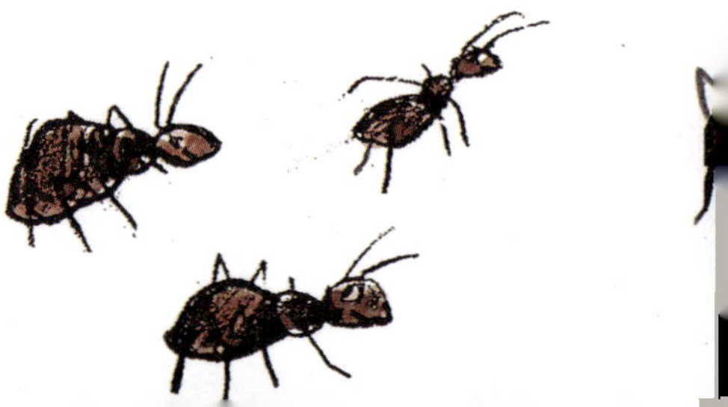

Da geht einer

Da geht einer
da steht einer
da kniet einer
da legt er sich auf die Wiese hin.
Ui – da zappelt einer
weil's auf der Wiese krabbelt –
„Ameisen!“, schreit einer
und springt auf
und rennt
rennt
rennt
rennt
rennt
und will sich bei dir verstecken –

Fingerspiel für Zeige- und Mittelfinger. Am Schluss rennt das Fingerpaar am Kind über Arm und Hals krabbelnd hoch und versteckt sich im Haar.
Siehe Seite 88

Das ist der Wuzelklein

Das ist der Wuzelklein
der trägt ein Ringelein
der Mittlere streckt sich lang
der Zeiger und der Daumensdick
die sagen beide
zwick zwick zwick

Die grüne Hand

Ich pflück mir eine grüne Hand
vom Kastanienbaum
und wandre durch das Land.

Die Hand hat grüne Finger:
einen dicken grünen Daumen,
einen grünen Finger zum Zeigen,
einen in der Mitte,
das ist der dritte,
einen Ringfinger,
einen Winkfinger.

Ich ziehe weiter durch das Land
und winke mit der grünen Hand
der Katze und dem Bauernkind,
der Wiese und dem Löwenzahn,
dem Autobus, der Eisenbahn,
der Sonne und dem Wind.

Mit einer Faust

Herr Daumen Herr Daumen stehn Sie bitte auf!

Guten Tag, guten Tag, was wünschen Sie?
Sie sollen den Zeiger wecken!
Der Mittlere soll sich strecken!
Der Ringelmann soll auch aufstehn
und mit dem Kleinen zur Schule gehn!

Der Kleine ist schon wach
und krabbelt den andern nach.

Ich bin ein Daum

Ich bin ein Daum
und steig auf den Baum
und wenn ich
ganz oben bin
schrei ich

hallo!

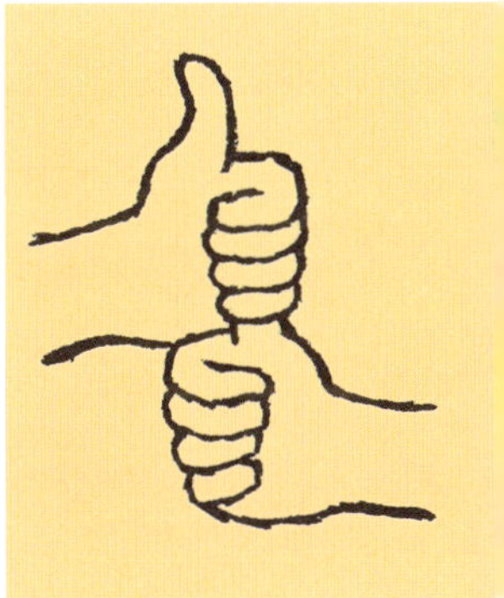

Jeweils ein aus der Faust gestreckter Daumen wird von der andern Hand umschlossen, die als Faust ihrerseits den Daumen hochstreckt usw. Es entsteht das Gefühl des sich am eigenen Daumen Festhaltens und Hochkletterns. Am Schluss mit hochgestreckten Armen winken.

Siehe Seite 88

Guten Tag, Herr Nachbar

1. Daumen:	Wer sind denn Sie?
2. Daumen:	Wer sind denn Sie?
1. D.:	Ich bin der Nachbar!
2. D.:	Ich bin der Nachbar!
1. D.:	Nein, ich!
2. D.:	Nein, ich!
1. D.:	Warum schreien Sie denn so?
2. D.:	Weil Sie so weit weg sind!
1. D.:	Dann kommen Sie doch näher!
2. D.:	Ich komm schon!
1. D.:	Ich komm schon!
Beide:	Oje, da ist ja ein Abgrund! Was machen wir denn da?

(beide Daumen gucken nach unten)

Beide:	Wir bauen uns eine Brücke Wir bauen uns ein Haus da sitzen wir drin und schauen hinaus.

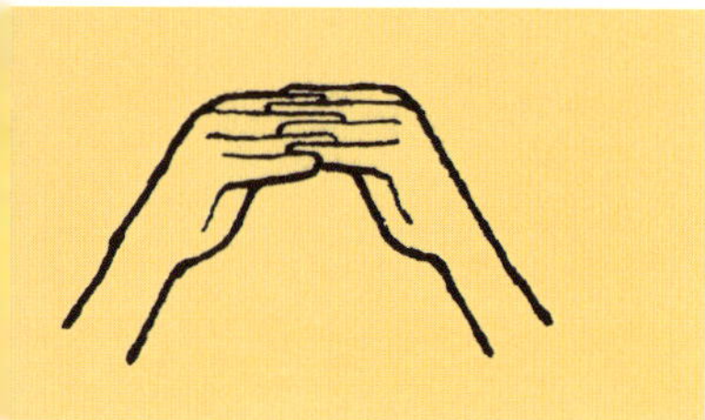

Zwei Fäuste, deren Daumen hervorkommen und als Nachbarn miteinander plaudern. Bei „Brücke" werden die Hände verschränkt, bei „Haus" bilden beide Hände ein Dach. Dann biegen sich die Daumen unters Dach und winken dem Zuschauer entgegen.

Siehe Seite 88

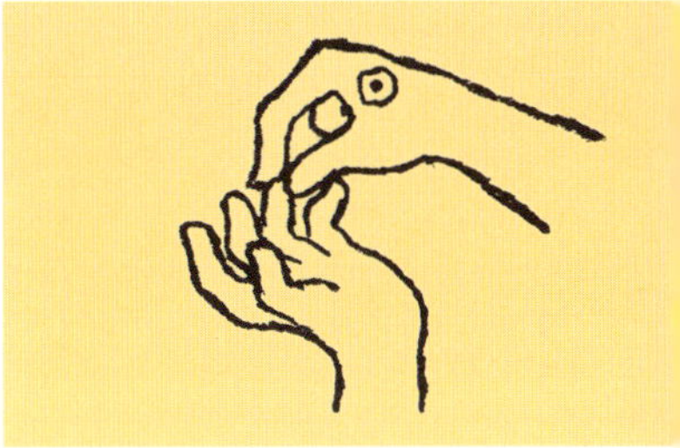

Spiel für zwei Hände. Eine Hand – mit der Handfläche nach oben – stellt die Vögel dar (Finger einzeln bewegen!), die zweite ist die Vogelmutter (Daumen und Zeigefinger sind der Schnabel), die die Vögel (Finger) einzeln füttert. Übung zur Feinmotorik.

Fünf kleine Vögel

Fünf kleine Vögel sitzen im Nest
und schreien: piep piep piep!
Da kommt die Mutter
und bringt ihnen Futter.
Sie hat sie alle lieb.

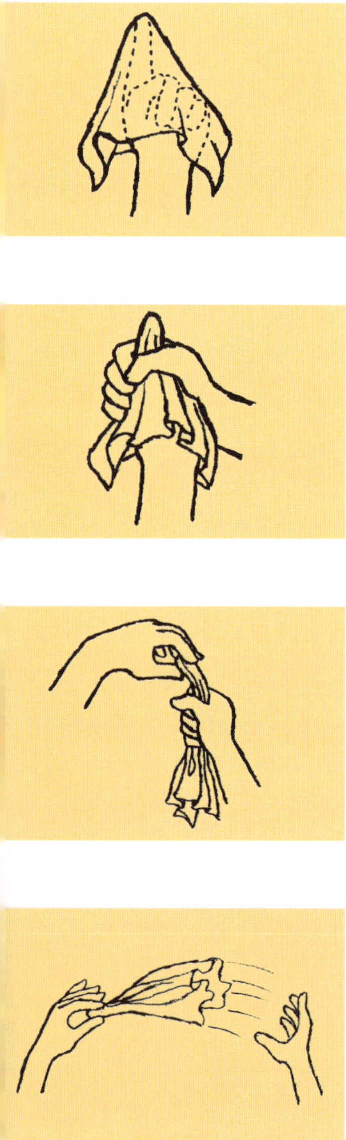

Das Gespensterl

Da ist ein Gespensterl
das guckt durchs Fensterl
und dann:
Huiiiiiiiiiiii!
fliegt es fort.

Siehe Seite 89

Blume im Topf

Blume im Topf
warum senkst du den Kopf?
Hab ich vergessen, dir Wasser zu geben?
Ich hol dir welches,
da hast du Wasser
bitte, Blume,
bleib am Leben!

Der Blumentopf ist eine Faust mit nach oben gerichtetem, leicht gekrümmtem Zeigefinger. Der Daumen der zweiten Hand fungiert zuerst als Sprecher, dann mit der Bewegung des Gießens als Schnabel einer Gießkanne. Nachher streckt sich langsam der Zeigefinger der ersten Hand – die Blume hebt wieder ihren Kopf.

Siehe Seite 89

Jorinde und Joringel

Jorinde und Joringel
die gingen durch den Wald
da kamen sie zu einem Schloss
das Schloss das war schon alt

Jorinde und Joringel
die gingen näher hin
sie klopften an das große Tor
da kam die Zauberin

Sie öffnete das große Tor
und fing Jorinde ein
den armen Herrn Joringel
den machte sie zu Stein

Jorinde war ein Vogel
und flog um ihn herum
der arme Herr Joringel
der blieb ganz Stein und stumm

Da wuchs eine schöne Blume
zwischen Vogel und Stein
ihr Duft der war so stark
da fiel das Zauberschloss ein

Die Zauberin die kroch hervor
und war entsetzlich bös
sie zauberte zur Blume hin
mit Donner und Getös

Die Blume aber wiegte sich
nur leis im Frühlingswind
da konnte die Zauberin gar nichts mehr tun
und sagte: Ich verschwind

Joringel war nicht länger ein Stein
der Vogel war wieder Jorinde
und sie bauten sich ein Haus im Wald
und wurden zusammen glücklich und alt
und kriegten viele Kinder.

Jorinde und Joringel sind Zeigefinger und Mittelfinger einer Hand, die sich bewegen (gehen). Das Schloss ist die Faust der anderen Hand. Die Zauberin ist der Daumen, der aus der Faust schnellt. Sie verzaubert Jorinde, indem das Schloss den Mittelfinger packt und umschließt. Der Zeigefinger bleibt als Stein stehen. Das Schloss verwandelt sich in eine flatternde Hand, Jorinde als Vogel, die den Stein umflattert. Die Blume sind fünf Finger einer Hand, die sich langsam öffnen. (Eventuell die Hand eines weiteren Mitspielers, sonst einfach die Joringelhand.) Aus der Schloss-Hand wird die Zauberin. Donner und Getöse entstehen durch Fäustegetrommel der Zuschauer auf dem Tisch. Das Haus im Wald sind die verschränkten zwei Hände, mit Handrücken nach oben. Sie bilden ein Dach. Die Kinder sind dann die fröhlich wackelnden Finger beider Hände.

Siehe Seite 89

Fingerspiel ohne Puppen, weil sich die Hand aus Gras und Blumen in die Sonne verwandelt. Erst bewegen sich die Finger wie Gräser im Wind, dann streckt sich der Arm hoch, und die Hand oben spreizt die Finger, wird zur „Sonne". Eine „Verkleidung" würde hier nur stören. Spielbar für eine einzige Hand.
Siehe Seite 89

Blumen und Sonne

Was ist denn das?
Blumen und Gras.
Sie wehen im Wind
sie wehen im Wind –
Sie recken sich, sie strecken sich ...
Schau! Die Sonne scheint!

Spielbar für den kleinen Hops und eine Hand als Schneck, dessen Fühler Zeigefinger und Mittelfinger sind.
Siehe Seite 89

Schneck

Schneck Schneck Schneck
krieg mir keinen Schreck
zieh nicht gleich die Fühler ein
wir wollen doch zwei Freunde sein!

Zwergberg

Ich bin nur ein Zwerg
doch ich steig auf den Berg!
Dann rutsch ich ganz munter
von oben herunter.

Zwei Finger steigen den eigenen oder einen fremden Arm hinauf bis zur Schulter, rutschen dann den Arm herunter und schwingen mit großer Armbewegung aus.

Siehe Seite 89

Der Kasperl auf der Leiter

Auf der Leiter auf der Leiter
steigt der Kasperl immer weiter
unverdrossen
viele Sprossen
eins zwei drei vier Leitersprossen
noch eine
noch eine
noch eine
noch eine
auf der Leiter auf der Leiter
steigt der Kasperl immer weiter
unverdrossen
viele Sprossen
und dann munter
wieder runter
unverdrossen
viele Sprossen
eins zwei drei vier Leitersprossen
noch eine
noch eine
noch eine
noch eine
aaaaahhh!
Da ist er ja!

Wink, Schmetterling

Wink mir, wink
Schmetterling

Schmetter - ling
Schmetter - ling
flieg ins Land hinaus
wenn du eine Blume siehst
ruh dich auf ihr aus

Wenn du nicht mehr müde bist
wink mir wieder, wink
Schmet - ter - ling
Schmetterling
Schmetterling
Schmetterling ...

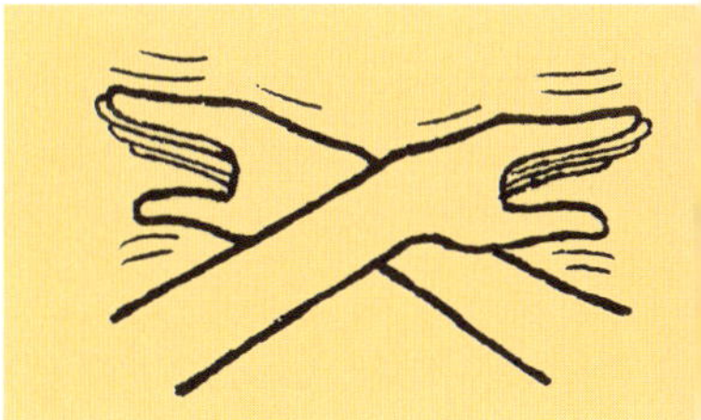

Zwei flache Hände, Handflächen gegeneinander, an den Gelenken aneinander, bewegen sich wie Schmetterlingsflügel.
Beim Ausruhen beide Handrücken gefaltet aneinanderlegen, dann wieder weiterflattern.
Siehe Seite 90

Wolkenzupfen

Habt ihr schon einmal Wolken gemolken
habt ihr schon einmal Wolken gezupft?
Da hab ich eine Wolke aus Watte:
schaut, wie die plötzlich
piepst
und hupft!

Wattevogel

Ich hab einen Vogel gefangen
der Vogel will hinaus
da mach ich gleich den Käfig auf
und lass den Vogel raus.

Flieg, Vogel, flieg
von einem Baum
zum andern Baum
am Abend flieg ins Nest,
das ist das Allerbest.

Wattemaus

Wattemaus Wattemaus
siehst erst bloß wie Watte aus
kriegst zwei runde Ohren
kriegst ein Schnäuzchen und den Schwanz
Wattemaus, jetzt bist du ganz!

und jetzt husch ...

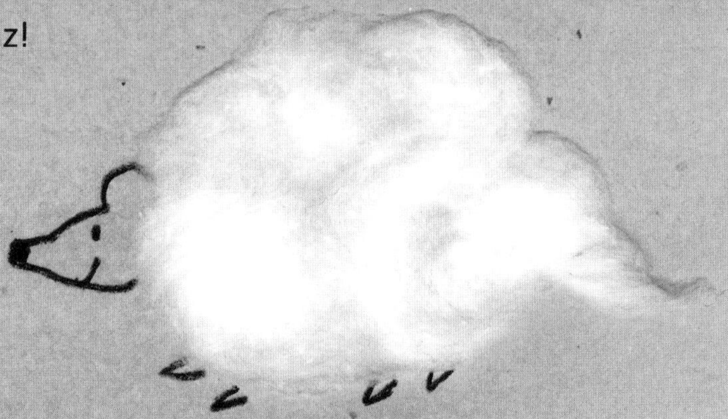

Watteball

Und was machen wir jetzt aus der Wolke?
Einen Ball!
Fang einmal!

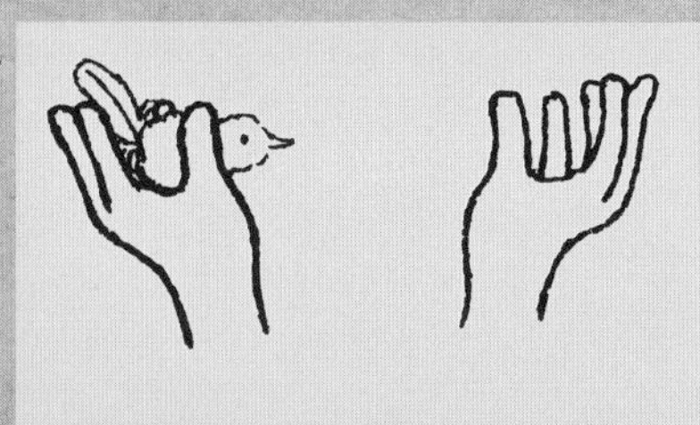

Wattevogel: Die Hände bilden erst zusammen den Käfig, dann je einen Baum, der Vogel fliegt hin und her, von einer Hand zur anderen. Zuletzt bilden die Hände ein Nest, in dem der Vogel sitzenbleibt. Der Vogel selbst, aus Watte zurechtgezupft, bekommt einen mit feuchten Fingern gedrehten Schnabel. Auch der Mäuseschwanz wird mit feuchten Fingern gedreht, sonst wird alles nur gezupft.
Siehe Seite 90

Der Clown

Guten Tag guten Tag
meine Damen und Herrn!
Ich bin der Clown und lach so gern:
Haha haha haha!

Guten Tag guten Tag
meine Damen und Herrn!
Ich bin der Clown
und wein so gern:
huhu huhu huhu!

Guten Tag guten Tag
meine Damen und Herrn!
Ich lach so gern, ich wein so gern,
doch jetzt geh ich nach Haus,
die Vorstellung ist aus.

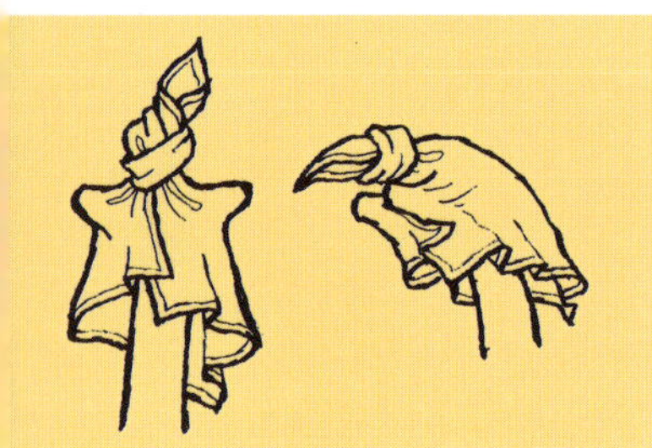

Siehe Seite 90

Das Springinkerl

Ich bin ein Springinkerl
und sitz im Winkerl,
doch wenn du willst
komm ich heraus.
Bitte um Applaus!

Das Springinkerl, aus einem alten Strumpf und Holzperlen gebastelt, verbeugt sich schlenkernd und verlockt zu weiteren Bewegungen der Kinderhand und der Fantasie. Siehe Bastelanleitung Seite 85.
Siehe Seite 90

Stachelschweinkrabbelspiel

Da ist ein kleines Stachelschwein
das zieht jetzt seine Stacheln ein
eins zwei drei vier fünf
dann streckt's die Stacheln wieder aus
und läuft in die weite Welt hinaus
zu mir?
zu dir?
krabbelt's dort?
krabbelt's hier?

Da ist ein kleines Stachelschwein
das möchte nicht mehr stachlig sein
und rollt sich ein.

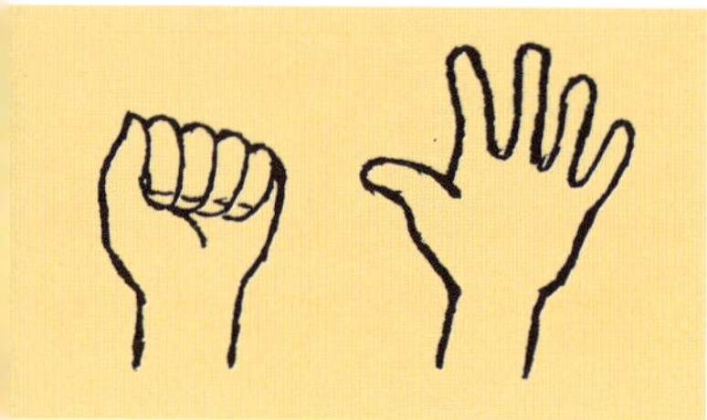

Die Stacheln werden mit Hilfe
der Finger dargestellt.

Gänseblümchen und Sonnenblume

Wenn das Gänseblümchen
hoch zur Sonnenblume schaut
denkt es:
Nein – wie die sich wachsen traut!

Siehe Seite 90

Feuer Feuer

Feuer Feuer
's brennt es brennt

kommt der Wind
facht es an

kommt der Regen
löscht es aus

Zwei Hände. Eine Hand hält die Finger nach oben flackernd als Feuer. Zweite Hand kommt flach von der Seite mit weiter Armbewegung als Wind, das Feuer flackert heftiger. Dann kommt die zweite Hand von oben, die Finger nach unten gerichtet und flatternd als Regen. Sie bleibt oberhalb des Feuers, das Feuerflackern der Hand unten erlischt langsam, während es weiterregnet.

Siehe Seite 90

Ball Ball

Ball Ball
komm zu mir!
Kommst du nicht
komm ich zu dir.

Ball Ball
roll nicht davon,
sonst hol ich dich!
Da komm ich schon.

Ball Ball
siehst du mich?
Da komm ich schon!
Jetzt hab ich dich!

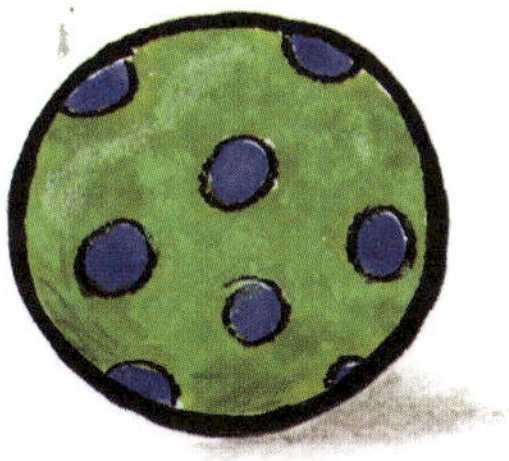

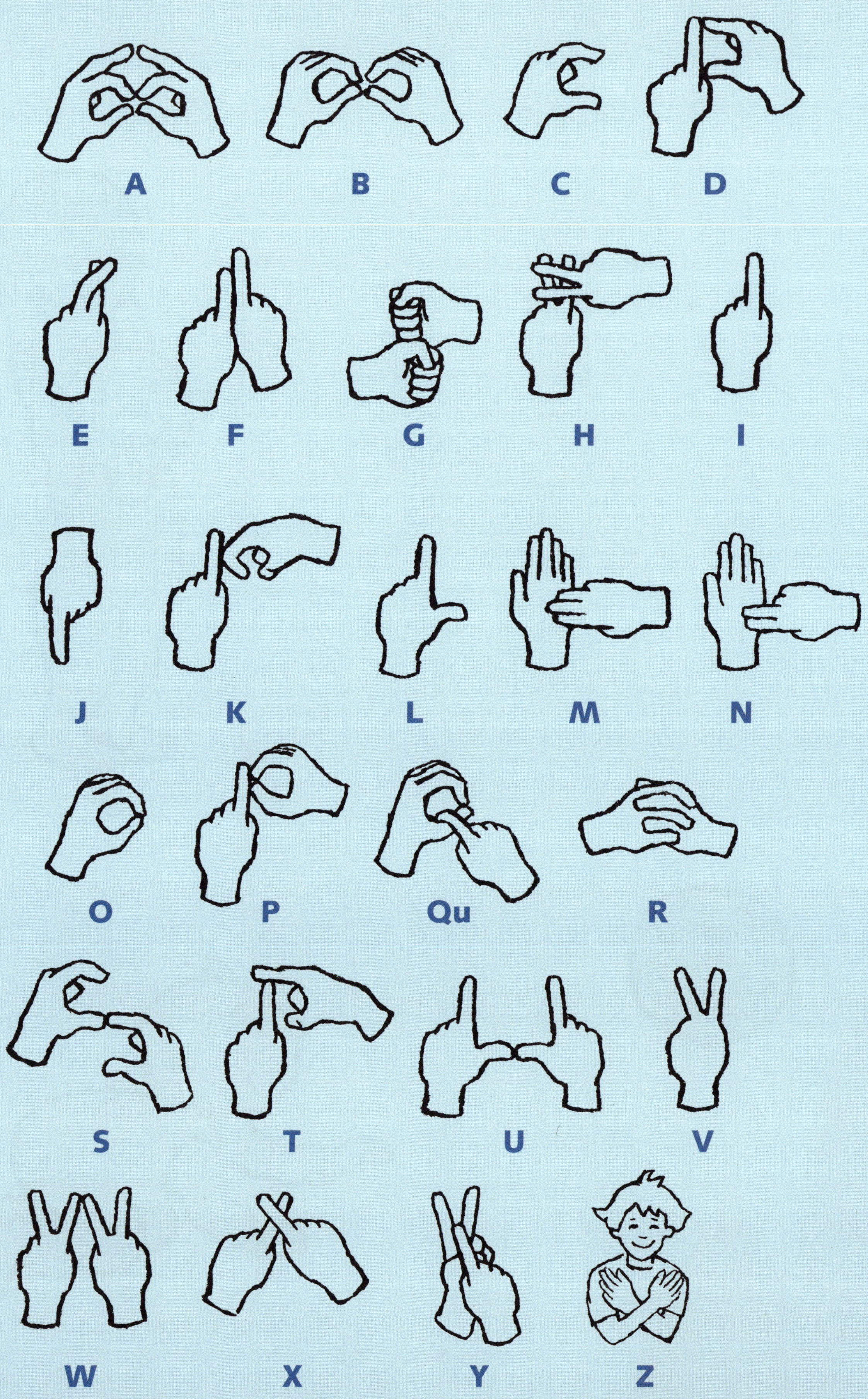
A
B
C
D
E
F
G
H
I
J
K
L
M
N
O
P
Qu
R
S
T
U
V
W
X
Y
Z

Das Fingeralphabet

A – B – C
die Katze lief im ... Schnee
D – E – F
wie schön, dass ich dich ... treff
G – H – I
der Hahn schreit ... Kikeriki
J – K – L
die Schnellbahn, die fährt ... schnell
M – N – O
da bin ich aber ... froh
P – Q – R
da sitzt ein dicker ... Herr
S – T – U
die Milch kommt von der ... Kuh
U – V – X
davon versteh ich ... nix
Y und Z
das war das ... Alphabet

Gespräch mit dem rechten und dem linken großen Zeh

Guten Tag, Herr Zeh!
Was seh ich da?
Sie wackeln ja! Sie wackeln ja!

Guten Tag, Herr Zeh!
Was seh ich da?
Sie wackeln ja! Sie wackeln ja!

Siehe Seite 90

Apfelbaum schütteln

Wir gehen in den Garten
da steht ein Apfelbaum.

Wir schütteln ihn
wir rütteln ihn –

Halt schnell die Schürze auf!

Plumps, da ist der Apfel.

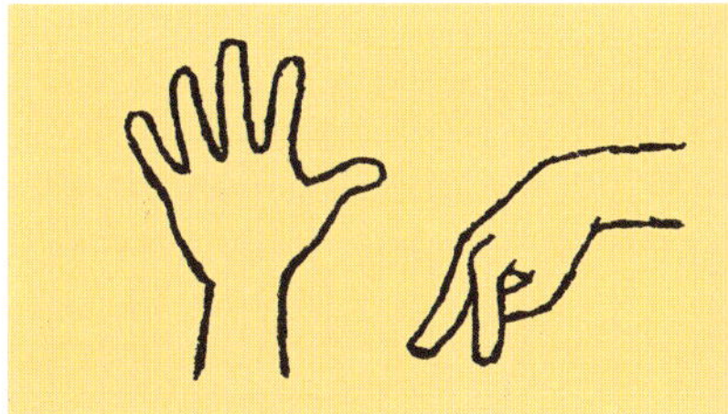

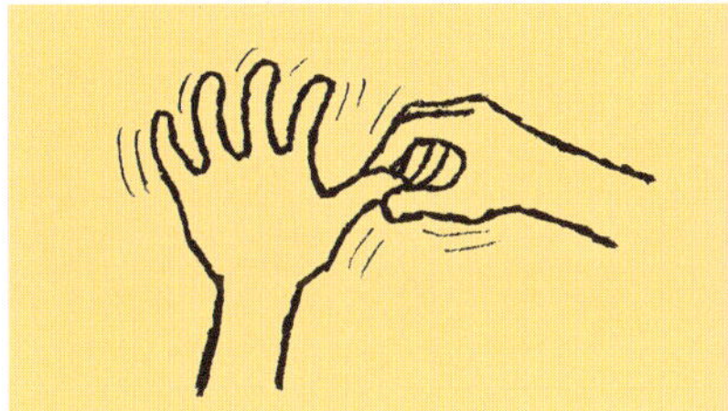

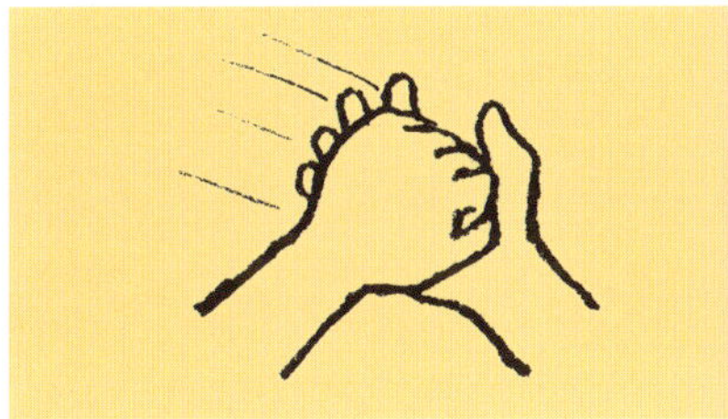

Zwei Finger wandern in den Garten. Dort steht, flach gereckt, leicht gespreizt die andere Hand als Apfelbaum. Die Wander-Hand packt die Baum-Hand am Daumen und rüttelt daran. Darauf verwandelt sie sich schnell (nach oben gewölbt) in die Schürze und fängt den Apfel (die nun zur Faust geballte Apfelbaum-Hand) auf.

Siehe Seite 90

Die Raupe

Die Raupe frisst die Raupe frisst
bis sie ganz dick gefressen ist,
und dann spinnt sich die Raupe ein.
Was wird jetzt mit der Raupe sein?
Sie liegt ganz still sie liegt ganz still
weil sie ein Weilchen schlafen will.
Aber dann – aber dann –
schau dir die Raupe an –
Was die sich alles traut!
Sie schlüpft aus ihrer Haut –

und fliegt
als Schmetterling fort!

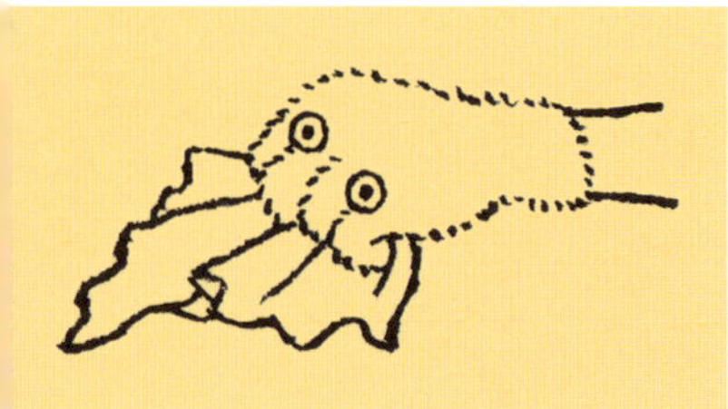

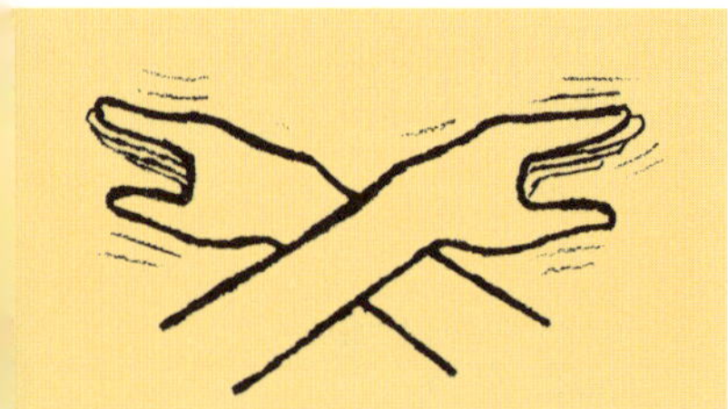

Spiel für zwei Hände. Eine Hand in einem Handschuh mit Augen. Sie frisst Papier oder ein Tuch. Beim Ausschlüpfen verlässt sie den Handschuh. Beide Hände, Handgelenke überkreuzt, flattern als Schmetterling fort.
Siehe Seite 90

Brillen probieren

Wenn ich durch die Brille schau
seh ich alles ganz genau!
Aber leider, zu Gesicht
steht mir diese Brille nicht.
Diese Brille ist zu rund,
diese Brille ist zu schmal –
haben Sie sie nicht oval?
Diese Brille da ist schön!
Danke sehr! Auf Wiedersehn!

Siehe Seite 91

Hände waschen

Hände waschen?
Muss wohl sein.
Seh ich ein.
Dreck muss weg.
Aber manchmal ist ein Tag
wo man nicht mag.
Da will ich noch eine Weile
das Glitzern an den Händen haben
vom Sandtunnelgraben.
Oder Farbe vom Malen und so.
Man kommt heim und ist froh.
Da schreit einer:
„Wasch dir die Pfoten!“

So was gehört verboten.

Siehe Seite 91

Leg deine Wange

Leg deine Wange in meine Hand
schau – so –

die Hand ist meine
die Wange ist deine
jetzt sind wir zwei nicht mehr alleine.

Hasen fangen

Einer der ist fortgegangen
wollte einen Hasen fangen
wo fängt er denn den Hasen?
Zwick –
auf der Nasen!

Siehe Seite 91

Die Katze

Die Katze kommt
die Katze kommt
die Katze schleicht sich an
schaut doch her
schaut doch her
wie die Katze schleichen kann!

Als Bewegungsspiel oder Fingerspiel
(siehe auch Künstlergarderobe Seite 83).
Siehe Seite 90

Mückenreiter

Wir reiten wir reiten
auf einer kleinen Mücke
wir reiten wir reiten
auf einem Elefanten
Mücke Mücke
E-le-fant
Mücke Mücke
E-le-fant
wir reiten wir reiten
auf einem Elefanten
der nimmt uns auf den Rüssel
und schaukelt uns ein bissel
hin und her
hin und her
plumps!

Siehe Hinweise zu „Grashüpfers Überstundenlied“, Seite 88

Sterntaler

Es war ein kleines Mädchen
das war ganz allein auf der Welt.
Es hatte kein Bett, es hatte kein Haus
und es hatte auch kein Geld.

Da dachte das kleine Mädchen:
Was soll ich so allein?
Es nahm sein letztes Stückchen Brot
und ging in die Welt hinein.

Da kam ihm ein Mann entgegen
der war vor Hunger halb tot.
Da gab ihm das kleine Mädchen
sein letztes Stückchen Brot.

Dann kam ein graues Weiblein
mit einem mageren Zopf
dem schenkte das kleine Mädchen
seine Mütze für den Kopf.

Da kam ein kleines Kindchen
das sprach: ich frier so sehr.
Da schenkte das kleine Mädchen
sein letztes Hemdchen her.

Da kam ein Stern vom Himmel
der sagte: ich hab dich gern.
Er nahm das Mädchen an der Hand
da wurde es auch ein Stern.

Ein Spiel für zwei Hände, für Kinder oder als Ballade mit Gitarre und stummem Spiel von Kindern oder Puppen. Beim Spiel für zwei Hände: Eine Hand ist immer das Mädchen, die zweite Hand ist alle anderen handelnden Personen. Wenn das Sterntalermädchen Brot, Mütze und Hemd hergegeben hat, streckt sich die zweite Hand hoch als Stern, kommt dann von oben, fasst die Sterntalermädchen-Hand und hebt sie hoch. Bei erhobenen Armen spreizen sich nun beide Hände zu Sternen. Das Mädchen ist ein Stern geworden.
Siehe zum Basteln die Künstlergarderobe auf Seite 84

Schneemann bauen

(Die beiden „Wolken“, zwei hoch über den Kopf erhobene Fäuste, sprechen.)

Wolken:
Wir sind zwei dicke Wolken
und stecken voller Schnee.
Der Schnee, der soll jetzt schneien
hinunter von der Höh.

(Die Fäuste öffnen sich und wedeln oben mit den Fingern.)

Wir schneien wir schneien
wir schneien wir schneien ...
So viel Schnee!
Jetzt wollen wir einen Schneemann bauen!

(beide Fäuste hinunter)

1. Faust: (auf den Tisch)

Da ist der dicke Bauch

2. Faust:

Da ist der Kopf

(Die zweite Faust legt sich auf die erste Faust, und der Daumen der zweiten Faust streckt sich zwischen den Fingern heraus:)

Und da ist die Nase!

Man kann für kleinere Kinder das Schneemann-Bauen als eigenes Spiel allein spielen. Also beginnen mit: Wir wollen einen Schneemann bauen.

Siehe Seite 91

Der Fußboden-Trommler

Ich bin der Fußboden-Trommler
und trommle laut und leise:
So trommeln die Riesen –
So trommeln die Zwerge –
So trommeln die Hasen –
So trommeln die Mäuse.

Und wie trommeln die Pferde?
Und die Marienkäfer?
Und die Spatzen?
Und die Wolken?
Der Regen? Der Hagel?
Die Föhrenzapfen, die vom Baum fallen?
Der Donner?
Die Affen?
Die Eidechsen?
Der Nussbaum bei Sturm?
Und wer noch?

Die Hand liegt auf dem Tisch

Die Hand liegt auf dem Tisch –
da kommt ein kleiner Fisch,
der schwimmt die ganze Hand entlang ...
er schwimmt um den kleinen Finger,
um den Ringfinger,
jetzt schwimmt er um den Mittelfinger
und um den Zeigefinger,
zuletzt schwimmt er um den Daumen herum

dann springt der Fisch übers Land –
das ist doch allerhand!

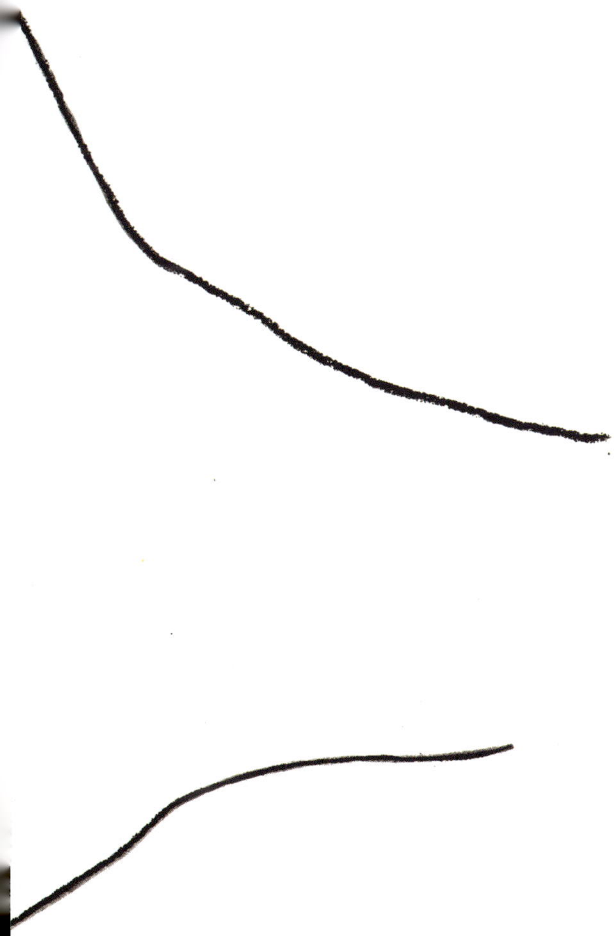

Spiel für viele Kinderhände. Mit dem Finger oder einem Bleistift werden die Konturen der Hand nachgezogen. Bei „springt übers Land“ springt der Finger (oder Bleistift) über den Handrücken zum Ausgangspunkt zurück. Man kann die gezeichneten Hände (eventuell mit dem Namen der Kinder versehen) auch ausschneiden und auf großen Bogen Packpapier zu Figuren und ganzen Bildern zusammenfügen.

Siehe Seite 91

Theater vor der Faust

(Eine nicht ganz fest geschlossene Faust, durch die man wie durch ein Fernrohr durchguckt. Vor dem Fernrohr spielt die zweite Hand Theater.)

Was seh ich da, was seh ich da
da kommt ein kleiner Dicker.
Ich bin der Daumen!
Ich bin der, der die Pflaumen schüttelt!
Auf Wiedersehn, ich muss schon wieder gehen!

Was seh ich da, was seh ich da
da kommt ein kleiner Dünner.
Ich bin der Zeigefinger.
Ich kann zeigen
und mich verbeugen
Auf Wiedersehn, ich muss schon wieder gehen.

Was seh ich da, was seh ich da
da kommt doch der Dritte!
Ich sitz in der Mitte.
Auf Wiedersehn, ich muss schon wieder gehen.

Was seh ich da, was seh ich da
da kommt der mit dem Ring!
Ich trag den Ring um meinen Bauch
weil ich doch einen Gürtel brauch.
Auf Wiedersehn, ich muss schon wieder gehen.

Was seh ich da, was seh ich da
Stutzel, wer bist du?
Ich bin der Theaterdirektor
und sperr das Theater zu.

(Der Stutzel fährt in das Loch in der Faust, so dass man nicht mehr durchsieht.)

Siehe Seite 91

Da ist eine Hand

Da ist eine Hand
die hat fünf Finger
die fünf Finger bauen ein Nest.
Da hast du einen Apfel
den halt fest!

Jetzt fällt der Apfel aus dem Nest
und das Nest streckt sich grad.
Jetzt ist es wieder eine Hand
die fünf Finger hat.

Der Apfel ist die Faust einer Hand, der ins „Nest“ (in die andere Hand) fällt und festgehalten wird.

Das ist ein Korb

Das ist ein Korb
man kann Blumen hineintun oder Erdbeeren.
Das ist eine Schale,
daraus kann man wirklich Wasser trinken.
Gib mir deine Schale,
damit ich daraus trinken kann!

Korb: Hände verschränkt, Handflächen nach oben, die beiden Daumen zum Henkel geschlossen. Schale: beide Handflächen zusammen zur Schale gewölbt.

Siehe Seite 91

Die Heiligen Drei Könige

Wir sind die Heiligen Drei Könige
und folgen unserm Stern
er ist uns voraus gezogen
über den Himmelsbogen.
Jetzt bleibt er stehn. Ganz fern!

Der Stern steht hoch am Himmel
und leuchtet hell und froh:
Kommt, ihr Heiligen Könige,
da liegt ein Kind im Stroh!

Die Heiligen Könige kommen geschwind
und finden im Stroh ein kleines Kind.
Sie beugen sich nieder und beten es an.

Und weil es schläft

gehen sie ganz leise wieder fort.

Und der Stern leuchtet ihnen,
damit sie gut nach Hause kommen.

Daumen, Zeigefinger und Mittelfinger einer Hand als Könige, sie können auch mit Fingerpuppen dargestellt sein. Die Finger bewegen sich, die Hand bewegt sie vorwärts. Der Stern ist die gespreizte zweite Hand, der Arm ist hoch gestreckt. Der Stern wird nicht „bekleidet", da er sich bei „Kind im Stroh" aus einem Stern in eine Krippe verwandelt. (Offene Hand, leicht gerundet, Finger leicht gebeugt.) Die Könige neigen sich über die Hand, dann gehen sie wieder. Die Krippe wird wieder zum Stern, der ihnen auf dem Heimweg leuchtet.

Wenn man nicht schlafen kann

Schlaf schlaf
zähl die Schaf
die schwarzen die weißen
die brav sind und die beißen
die groben die feinen
die großen die kleinen
die kleinen die großen
die Böcklein die stoßen
schlaf schlaf
zähl die Schaf.

Schlaf schlaf
zähl die Schaf
die schwarz und weiß grasen
auf dem grünen Rasen
zähl die Bächlein die rinnen
die dicken und dünnen
zähl die dünnen und dicken
und die Schäfer die stricken
schlaf schlaf
zähl die Schaf.
Schlaf schlaf
zähl die Schaf

zähl die wackelnden Schwänzchen
zähl die Blüten im Kränzchen
zähl die Wiesen und Berge
zähl die Riesen und Zwerge
die Zwergenmützen
werden dich schützen.
Berge und Wiesen
Zwerge und Riesen
alle Lämmerschwänzchen
und vom Kränzchen die Blüten
lassen dich grüßen
und wollen dich hüten.
Schlaf schlaf
zähl die Schaf.

Und wer jetzt noch nicht schlafen kann,
der fang das Lied von vorne an.

Ein kleines Kind spricht

Liebe Mutter, ich bin so froh,
dass ich dich hab, dass ich dich hab.
Ich hoffe, es geht dir auch so.

Ein Gutenachtlied

Gute Nacht Gute Nacht
Gute Nacht Gute Nacht
ganz sacht
Gute Nacht

Gute Nacht

Gute Nacht ...

Der Hops

Aus rosa Filz Körper 2-mal schneiden.

Nur den vorderen Teil mit Kopf, Rückenteil nur bis zu den Schultern schneiden.

Trägerhose nähen und dem Hops anziehen.

Wollhaare

So sieht der Hops aus, wenn du mit Zeige- und Mittelfinger in die Hosenbeine fährst.

1-mal Kopf rosa an den Hinterkopf annähen. Ohren mit einnähen. Flach mit Watte ausstopfen.

Die Katze

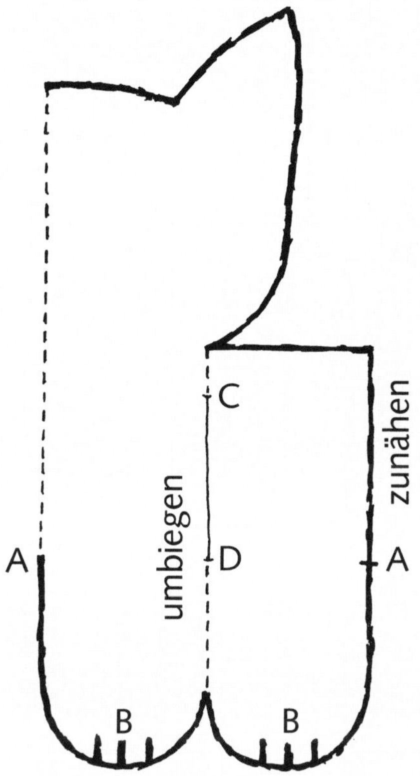

Kopf etwas einhalten,
auf den Hinterkopf nähen. Flach
mit Watte ausstopfen.

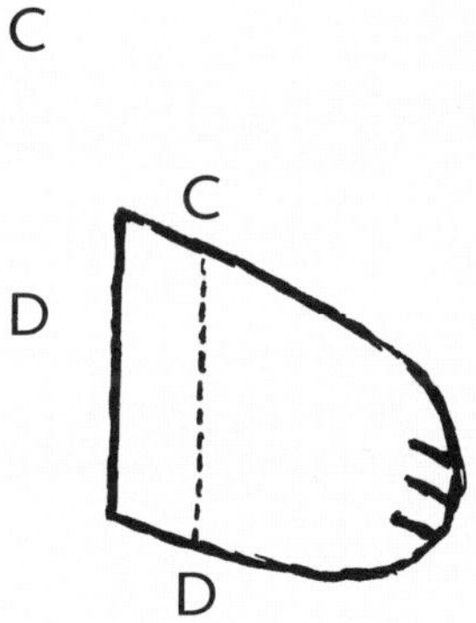

Vorderpfote
2-mal schneiden
C auf C
D auf D nähen.
Krallen aufmalen.

Stoffbug
bis A einschneiden
A auf A
B auf B legen,
Beine zunähen.

So sieht die Katze aus,
wenn du mit Zeige- und
Mittelfinger in die Beine
fährst.

Baum

oder Wichtel

Die Kuh Luise

Hörner und Ohren sind ein alter Handschuh, die Hörner mit Watte ausgestopft und leicht gebogen.

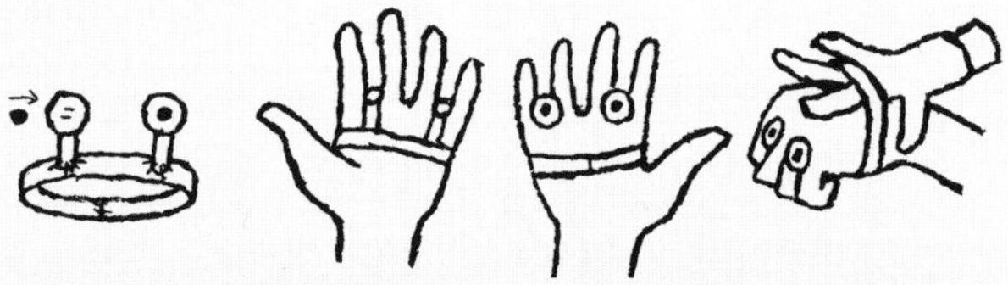

Pappe- oder Glasaugen werden auf einen Einziehgummi genäht und wie in der Abbildung über die Hand gezogen.

Sterntalermädchen

Mütze: zusammengedreht aus Papiertaschentuch

Kleid aus Stoff oder Papier

Blume oder Schneeflocke

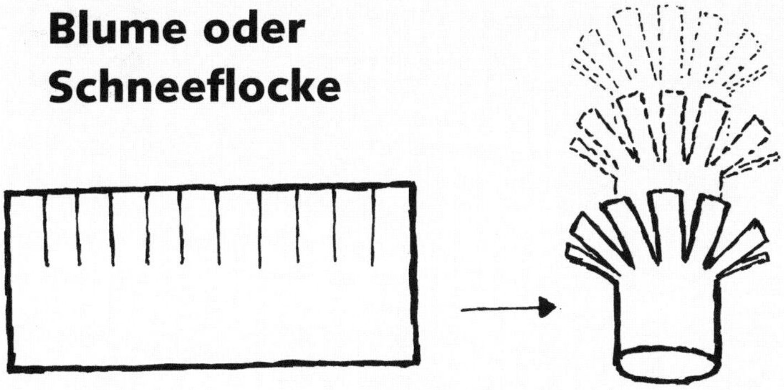

auch Übereinander-
stecken möglich

Hase

Springinkerl

aus dünnen Strümpfen und Holzperlen

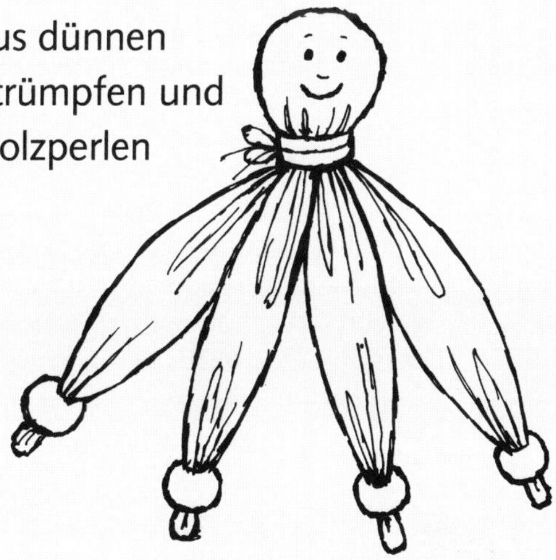

einen Finger von unten in den „Hals“ stecken

Vorschläge für Heilpädagogik und Bewegungstherapie

Ich hab einen Elefanten (Seite 11)

Spiel für zwei Hände. Besonders geeignet für Fixation des isoliert gestreckten Zeigefingers bei isolierten Bewegungen der übrigen Finger. Symmetrische Bewegungen.

Der kleine Hops beim Zebrastreifen (Seite 12)

Für 2 Hände (1 oder 2 Personen).
Ampelhand: starke Beugung im Handgelenk und Beugung der Finger sowie isolierte Beugung und Streckung von Zeige-, Mittel- und Ringfinger. Hops: Alternierende Gehbewegungen von Zeige- und Mittelfinger.

Indianerspiel (Seite 13)

Spiel für zwei Hände. Indianer: Unterarm aufrecht, Finger gestreckt, isolierte Fingerbewegungen. Weiße: gegenüber ebenso. Schlagen: geöffnete Hände aufeinanderklatschen. Vertragen: Finger verschränken. Günstig für beidhändige Koordination, Fingerspreizen, aber auch für allgemeine Körpersymmetrie bei Bewegungsgestörten. Symmetrische Bewegungen.

Igelspiegel (Seite 14)

Spiel für zwei Hände. Isolierte Fingerbewegungen bei gestreckten Handgelenken und Fingern, Unterarme dabei aufrecht zueinander gedreht.

Ein Wichtelgeschichtel (Seite 15)

Für zwei Hände. Beide Unterarme aufrecht, Hände (Fäuste) schauen zueinander. Erste Faust: Isoliertes Ausstrecken der Finger hintereinander zur Spreizstellung.
Zweite Faust danach ebenso. Dann isolierte Fingerbewegungen bei gestreckter Finger- und Handgelenksstellung.

Krokus (Seite 16)

Spiel für eine Hand. Folgende Bewegung wäre günstig: Zuerst liegt die Faust wie eine Blumenzwiebel auf dem Tisch.
Dann die Faust umdrehen, und langsam hochgehend öffnet sie sich zur Krokusblüte. Finger gestreckt, im Grundgelenk gebeugt, stehen in einem engen Kreis. (Verstärkte Daumenopposition.)

Die Kuh Luise (Seite 17)

Spiel für eine Hand. (Siehe auch: Die Raupe, Seite 62 und Seite 90). Feinmotorisch sehr schwierige Koordinationsübung, falls die Hand in der Luft frei gehalten wird, weil immer zwei bis drei Finger das Tuch halten und die anderen es greifen (fressen) müssen, damit es nicht aus der Hand fällt. Günstige therapeutische Übung für leichte spastische Hemiparesen (halbseitige Bewegungsstörungen).

Heut fang ich eine Wolke (Seite 18)

Spiel für großmotorische, weiche, koordinierte Armbewegungen und für Handbewegungen.

Watscheltanz der Gänse (Seite 20)

Rhythmisches Aufpatschen beider Hände, gegengleich. Schnattern: Spitzgriff mit sich vorbewegenden Händen, Spitzgriff öffnen und schließen. Flattern: Handgelenke beugen und strecken, eventuell Arme dabei in der Luft bewegen. „Ei, ei, ei": ein unsichtbares Ei streicheln.

Osterhasennest (Seite 21)

Spiel für zwei Hände. Blumen und Hasen: Isolierte Fingerbewegungen bei aufrecht gehaltenen, zueinander gedrehten Unterarmen und gestreckten Händen. Osternest: Finger werden rund gespreizt, Handgelenk stärker zum Handrücken abgebogen (starke Dorsalextension beider Handgelenke).

Zwei Hähne (Seite 22)

Spiel für zwei Hände. Symmetrische Bewegungen. Beide Unterarme aufrecht zueinandergedreht. Pinzettengriff, der übergeht in den Zangengriff, 3., 4. und 5. Finger bleiben gestreckt und gespreizt. Ist eine wichtige Vorbereitung für viele feinmotorische Funktionen: z. B. Knöpfeln, Nähen, Schreiben etc.

Das Osterlamm (Seite 23)

Spiel für zwei Hände. Von einer Seite kommt eine Hand als Lamm, kuschelt sich ins Gras (d. h. sie bleibt ruhig auf dem Tisch liegen). Zweite Hand: zuerst schwingt sie mit hängendem Handgelenk als Glocke in der Luft. Dann streichelt sie das Lamm (die liegende Hand).

Kleines Frühlings-Hüpf- und -Singspiel (Seite 26)

Spiel für beide Hände. Es geht um raschen Wechsel von Handbewegungen. Flattern: Isolierte Streckung und Beugung der Handgelenke. Singen: eine Handfläche nach oben gedreht, Hände flach aufeinanderlegen, schnabelartig öffnen und schließen. Quaken: rasches Öffnen und Schließen der Fäuste bei weg gestreckten Daumen. Springen: federndes Abschnellen der geöffneten Hände vom Tisch oder von den Oberschenkeln. Storchengeklapper: Arme wie Riesenschnabel aneinander gelegt. Für den unteren Arm ist das eine Außendrehung und ein zur Körpermitte führen vom Schultergelenk aus.

Heute gibt es Regenwetter (Seite 26)

Spiel für zwei Hände. Blume: Spitzgriff und Spreizen bei nach oben gedrehter Handfläche. Der andere Arm gehoben. Regen: Isolierte Fingerbewegungen bei leicht gebeugtem Handgelenk. Sonne: Fingerspreizen bei gestrecktem Handgelenk.

Es sitzen da zwei Hasen (Seite 27)

Spiel für beide Hände. Isolierte Zeige- und Mittelfingerstreckung bei aufgestellten oder aufrecht gehaltenen Unterarmen. Symmetrische Bewegungen.

Muttertagsbussi (Seite 28)

Der Zangengriff zwischen Daumen und allen anderen Fingerspitzen ist wichtig für jede feinmotorische Greif- und Haltefunktion (also z. B. für das Schneiden, Nähen, Knöpfeln usw.).

Grashüpfers Überstundenlied (Seite 30)

Ist ein Kniereiterspiel. Zu allen Kniereiterspielen (z. B. Hoppareiter u. a.): Das Kind sitzt auf den Knien des Erwachsenen, man gibt ihm die Hände zum Halten. Das Spiel kann an Schnelligkeit und Ausmaß der Bewegung variiert werden, so dass das Kind das Festhalten, Kopfkontrolle und Gleichgewichtsreaktion übt. Nicht abrupt von „sanft" auf „wild" wechseln. Muskeltonussteigerung durch rasche hüpfende Bewegungen und Entspannung im Rumpf, z. B. bei Spastikern durch sanfte alternierende Gehbewegung der Oberschenkel wie Pferd im Schritt.

Kunstreiter (Seite 31)

Dies ist auch eine Sprech- und Gedächtnisübung, eine konzentrierte Wiederholung im Fingerspiel, was man beim Reiten gelernt hat (Reittherapie!). Die beiden gespreizten Finger auf dem Handrücken (Zirkusreiter). Übungsvorschläge: Rechtes „Bein" zum linken schwingen, drehen, verkehrt setzen, hopp und hinunterspringen, wieder auf den Handrücken springen, oben stehen etc. Siehe auch „Grashüpfers Überstundenlied" (Kniereiterspiel).

Montag fängt die Woche an (Seite 32)

Spiel für zwei Hände. Geeignet für das isolierte Fingerstrecken und -spreizen bei aufrechten Unterarmen. Handinnenflächen zum Körper gedreht (Unterarme supiniert). Letzteres ist wichtig für alle beidhändigen Tätigkeiten.

Einer will aufstehn (Seite 33)

Spiel für zwei Hände. Isolierte Daumenstreckung aus der Faust.

Der Dicke ist auf dem Fußballplatz (Seite 34)

Spiel für eine Hand. Isolierte Fingerbeugung. Unterarm aufrecht. Handfläche zum Körper gedreht (Unterarm supiniert).

Da geht einer (Seite 35)

Spiel für eine Hand. Isolierte Zeige- und Mittelfingerbewegungen bei gebeugtem Handgelenk. Knien: Beugung der beiden Finger im Mittelgelenk. Niederlegen: Beugung im Fingergrundgelenk.

Ich bin ein Daum (Seite 39)

Spiel für zwei Hände. Isolierte Daumenstreckung, rasches Greifen, beidhändige Koordination. Arme hochnehmen im Schultergelenk.

Guten Tag, Herr Nachbar (Seite 40)

Spiel für zwei Hände. Bilaterale, symmetrische Koordination. Fäuste, isoliertes Abspreizen der Daumen nach oben. Abgrund: In dieser Stellung beide Daumen nach unten drehen (Unterarmpronation). Brücke: die Finger beider Hände werden gespreizt und waagrecht ineinandergeschoben. Dach: flache Hände mit Fingerspitzen aneinander formen ein Dach.

Das Gespensterl (Seite 42)

Spiel für zwei Hände. Großmotorische Armbewegungen bei aufrecht gehaltenem Zeigefinger. Wichtig für Koordination und Konzentration. Auch schon für kleinere Kinder geeignet.

Blume im Topf (Seite 43)

Spiel für zwei Hände. Eine Hand: Faust mit isolierter Zeigefingerstreckung und -beugung. Andere Hand: Isolierte Daumenstreckung aus der Faust.

Jorinde und Joringel (Seite 44)

Ein Spiel für zwei (aber auch mehr) Hände. Vorschläge zur Verwendung in der Therapie:

1. Strophe: Zeige- und Mittelfinger (Jorinde und Joringel): isolierte Streckung, Unterarm aufrecht. Sie gehen auf die zweite Hand (Faust) zu. Die Faust ist das „Schloss".

2. Strophe: Isolierte Daumenstreckung aus der Faust (Zauberin kommt).

3. Strophe: Die „Schlosshand" packt den Mittelfinger der ersten Hand und umschließt ihn.

4. Strophe: Vogel: Isolierte Fingerbewegungen: Hand und Unterarm (waagrecht) der zweiten Hand in der Luft kreisend um den „versteinerten" Zeigefinger Joringels der ersten Hand.

5. Strophe: Neue Handstellung am Tisch (Unterlage): zwei Fäuste, geschlossene Finger nach oben. 1. Hand öffnet sich, Handfläche nach oben, zur Blume. 2. Hand fällt flach auf die Unterlage.

6. Strophe: Faust, aggressive Spreizbewegungen zur „Blume" hin. Unterarm waagrecht in der Luft, rascher Wechsel zwischen Faust und Finger-gespreizt-Strecken.

7. Strophe: Blumenhand wiegt sich sanft, „Zauberin" (2.Hand) ab.

8. Strophe: „bauten sich ein Haus": flache Hände zum Dach, zwei Daumen streicheln sich. „Viele Kinder": Isolierte Fingerbewegungen bei aufrechten Unterarmen

Blumen und Sonne (Seite 46)

Spiel für eine Hand. Blume und Gras: Isolierte Fingerbewegungen der gestreckten Hand bei gestrecktem Handgelenk. Dann Sonne: Arm hoch, Finger spreizen.

Schneck (Seite 46)

Hops: Alternierende Fingerbewegungen für Zeige- und Mittelfinger. Schneck: Faustschluss und isolierte Streckung und Beugung von Zeige- und Mittelfinger.

Zwergberg (Seite 47)

Spiel für eine Hand. Leicht gebeugter Zeige- und Mittelfinger, alternierende (Geh-) Bewegung am anderen Arm hinauf.

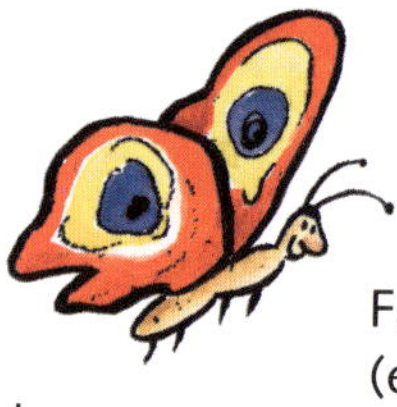

Wink, Schmetterling (Seite 49)

Spiel für zwei Hände. Symmetrisches, gleichzeitiges Beugen und Strecken der Handgelenke bei gestreckten Fingern. Handgelenke überkreuzt.

Wolkenzupfen (Seite 50)

Spiel für beide Hände. Watte zerzupfen: Spitz- und Pinzettengriff. Drehen von Mäuseschwanz und Vogelschnabel: Drehbewegung zwischen Daumenspitze und Zeigefinger. Anspruchsvolle Feinmotorik.
Käfig: Unterarme und Handflächen zueinandergedreht, aufrecht gehalten, berühren sich nur an den Handwurzeln und den Spitzen der leicht gespreizten und rundgebogenen Finger. Schwierige Feinkoordination.
Wattevogel werfen: Reaktions- und Geschicklichkeitsübung. Nur für ältere Kinder und andere geschickte Leute.

Der Clown (Seite 52)

Spiel für eine Hand. Isolierte Streckung von Daumen, Zeige- und Mittelfinger.

Das Springinkerl (Seite 53)

Spiel für eine Hand. Weitere therapeutisch günstige Variation: mehr als vier Arme mit Perlen an dem Springinkerl anbringen. Durch rasches Hin- und Herdrehen des aufrecht gehaltenen Unterarms die Perlen aneinanderschlagen lassen. (Rascher Wechsel von Supination und Pronation)

Gänseblümchen und Sonnenblume (Seite 55)

Spiel für zwei Hände. Gänseblümchen: Faust, kleiner Finger isoliert hochgestreckt (erste Hand). Sonnenblume: die zweite Hand hoch
in der Luft, Hand leicht hängend, Finger gespreizt.

Feuer Feuer (Seite 56)

Spiel für beide Hände. Eine Handfläche nach oben gedreht. (Ellbogenreflexion ca. 90 Grad, Unterarm supiniert.) Anderer Arm vom Schultergelenk aus hochgehoben. Isolierte Fingerbewegungen, schwierige Koordination, Konzentration.

Gespräch mit dem rechten und dem linken großen Zeh (Seite 60)

Wichtige Übung für die isolierte Bewegung der großen Zehen.

Apfelbaum schütteln (Seite 61)

Spiel für zwei Hände. Erste Hand: Gehen: Isolierte Zeige- und Mittelfingerstreckung. Schürze: Handfläche nach oben drehen, Finger leicht gebeugt. Zweite Hand: Apfelbaum: Fingerspreizung. Apfel: Faust.

Die Raupe (Seite 62)

Spiel für eine Hand. (Siehe auch: Kuh Luise) Leichter als Kuh Luise, da bei der Raupe Unterarm und Hand auf Tisch oder Unterlage aufgelegt sind. Die Raupen-Hand zieht ein Tuch oder weiches Papier durch isoliertes Fingerbeugen und -strecken in die Faust. Schmetterling: Handgelenke kreuzen, Flatterbewegung, synchrones Beugen und Strecken der Handgelenke.

Brillen probieren (Seite 63)

Spiel für zwei Hände. Visumotorische Koordination. Symmetrisch. Verschiedene Brillenformen durch verschiedene Fingerstellung.

Hände waschen (Seite 64)

Vorschläge für Bewegungen zu den einzelnen Textstellen: „Hände waschen“: Waschbewegung. – „nicht mag“: mit Fäusten auf den Tisch klopfen. – „eine Weile“: offene Hände nach außen und innen drehen und ansehen. – „heim und ist froh“: Klatschen. – „Wasch dir die Pfoten!“: mit dem Zeigefinger drohen. – „gehört verboten“: mit den Fäusten auf den Tisch klopfen.

Hasen fangen (Seite 65)

Spiel für eine Hand. Alternierende Gehbewegung mit Zeige- und Mittelfinger den eigenen Körper oder den Körper des andern hinauf – „Zwick!“: Nase zwischen den Mittelgelenken des Zeige- und Mittelfingers.

Die Katze (Seite 66)

Bewegungsspiel: Das Kind ahmt eine geduckt auf dem Boden schleichende Katze nach.

Schneemann bauen (Seite 70)

Spiel für zwei Hände. Schnee: bei angehobenen Armen und gebeugten Handgelenken isolierte Fingerbewegungen. Schneemann bauen: Faustschluss, isolierte Daumenübung.

Die Hand liegt auf dem Tisch (Seite 73)

Das Nachfahren der Konturen der Hand mit Finger oder Bleistift ist eine äußerst wichtige Übung für bewegungsgestörte Kinder, damit sie lernen, mit einer flachgespreizten Hand z. B. ein Stück Papier (später Lineal) auf der Unterlage zu fixieren und mit der anderen Hand z. B. zu schreiben.

Theater vor Faust (Seite 74)

Spiel für zwei Hände. Zusammenspiel von gezieltem Schauen und Fingerbewegungen. (Visumotorische Koordination und Kopfkontrolle) Isolierte Streckung und Beugung einzelner Finger.

Das ist ein Korb (Seite 76)

Spiel für zwei Hände. Verschränken beider Hände bei nach oben gedrehten Handflächen und Daumengegenüberstellung (Daumenopposition). Auch Einwärtsdrehung in der Schulter. Schale: Unterarme Außendrehung. Handgelenk zum Daumen abgewinkelt. (Verstärkung der Dorsalextension und v. a. Radialduktion im Handgelenk, je näher die Schale beim Körper ist)

1. Auflage 2004 (1,00)

Illustrationen und Gestaltung: Birgit Antoni

Druck: Holzhausen Druck & Medien GmbH, Wien
ISBN 3-209-**04499**-6

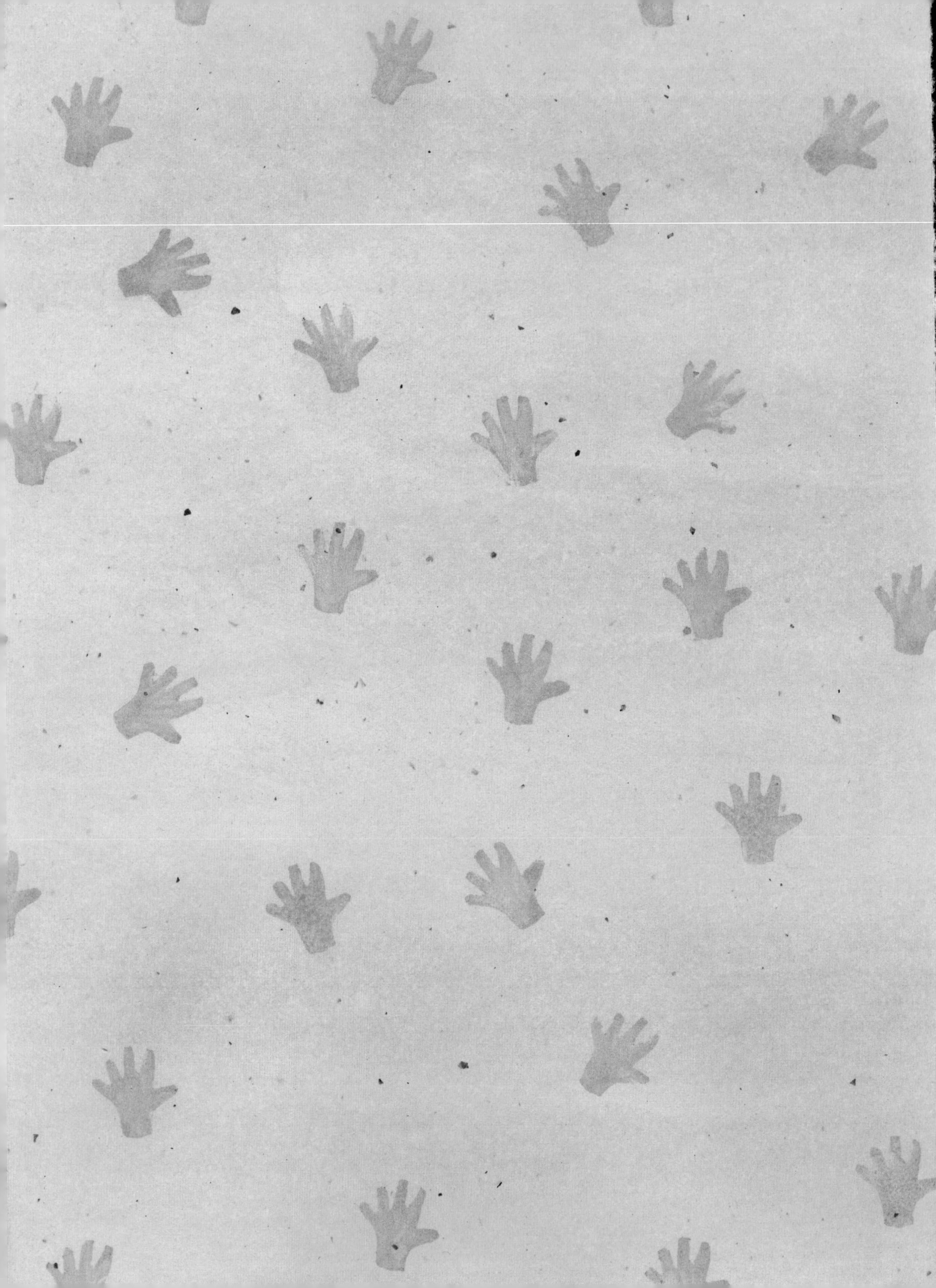